VENTE DU 2 MARS 1898

HOTEL DROUOT, SALLE N° 10

ATELIER

De Feu

A. R. VERON

M° **MAURICE DELESTRE**, Commissaire-Priseur

M. B. **LASQUIN**, Expert

IMPRIMERIE MAULDE ET RENOU
—

MAULDE, DOUMENC & Cie
IMPRIMEURS DE LA COMPAGNIE DES COMMISSAIRES-PRISEURS
Rue de Rivoli, 144

CATALOGUE

DES

TABLEAUX

Par Feu

A. R. VERON

DONT LA VENTE, PAR SUITE DE DÉCÈS, AURA LIEU

HOTEL DROUOT, SALLE Nº 10

Le Mercredi 2 Mars 1898, à 3 heures

COMMISSAIRE-PRISEUR	EXPERT
Mᵉ Maurice DELESTRE	**M. B. LASQUIN**
5, rue Saint-Georges, 5	12, rue Laffitte, 12

Chez lesquels se trouve le Catalogue

EXPOSITION PUBLIQUE

Le Jour de la Vente, de 1 heure 1/2 à 3 heures

CONDITIONS DE LA VENTE

—

Elle sera faite au comptant.

Les Acquéreurs paieront CINQ POUR CENT en sus des adjudications.

Maulde, Doumenc et Cⁱᵉ, imp. de la Cⁱᵉ des Commissaires-Priseurs, rue de Rivoli, 144.   3oo—72223

VERON (Alexandre-René), qui est mort à Paris le 7 avril 1897, était né à Montbazon, près de Tours, le 11 janvier 1826. Son père, mécanicien habile, se proposait de lui faire suivre la même carrière que lui; mais l'enfant avait un goût inné et des dispositions très réelles pour le dessin, qui se manifestèrent de bonne heure à l'école mutuelle, la seule école qu'il lui ait été donné de fréquenter.

Tout jeune encore, il fut admis au Salon. En 1848, il exposait un *Intérieur de grange à Marlotte;* la forêt de Fontainebleau, d'ailleurs, allait devenir pour lui une source féconde de motifs, et l'on peut dire qu'il en a reproduit les principaux sites pendant les dix premières années de sa laborieuse carrière d'abord et ensuite à diverses reprises jusqu'à la fin de sa vie.

En 1887, il exposait encore, mais pour la dernière fois ; ses deux envois représentaient : *le Vieux Parc à Valjenceuse* et *le Vieux Parc à Mont-l'Evêque*, près de Senlis.

Comme la forêt de Fontainebleau, les environs de Paris, les départements de Seine-et-Oise, de l'Oise, de la Somme et de l'Indre avaient été de sa part l'objet de nombreuses et périodiques visites d'où il avait rapporté les précieuses études qui lui servirent à composer la plupart des tableaux qui figurent dans la vente actuelle, sans parler de ceux qu'il a vendus aux amateurs et qu'on retrouve dans leurs cabinets, accrochés à côté d'œuvres de Diaz, de Théodore Rousseau, de Daubigny, de Jules Dupré et autres.

En 1872, année où il exposa *la Première gelée* et *le Soir, Bords du Morin*, l'État lui acheta cette dernière toile qui est aujourd'hui au musée de Lyon ; tandis que l'autre, *la Première gelée*, était acquise par Mme la baronne de Rothschild.

Le musée de Saint-Etienne possède aussi deux de ses œuvres.

Il fut deux fois mentionné au Salon de Paris et remporta de nombreuses médailles dans les expositions de province et de l'étranger : des médailles d'argent à Rouen et à Saint-Etienne; des médailles d'or à Amiens et à Paramé; une médaille de bronze et un diplôme d'honneur à Philadelphie.

C'était un indépendant et un solitaire; d'un esprit très gai, fin et primesautier, il était volontiers caustique et railleur, et, s'il entendait très bien la plaisanterie pour son compte, il est à croire qu'il blessa parfois certains amours-propres trop irritables; de là peut-être les difficultés et les déceptions qui l'éloignèrent des courants artistiques habituels et le firent se renfermer dans un cercle assez restreint d'anciens camarades où l'on discutait d'art en toute liberté et où l'on se rappelait avec plaisir les souvenirs du temps passé.

Sa modestie naturelle, le peu de bruit

qu'il fit et fit faire autour de son nom, sa longue retraite loin du mouvement de l'art d'aujourd'hui expliquent suffisamment pourquoi avec un talent très personnel, très sincère dans l'expression de la réalité, toujours vrai et quelquefois poétique dans l'interprétation de la nature, Alexandre Veron n'est encore connu et apprécié que d'une élite de connaisseurs.

Ce paysagiste qui tient, malgré tout, un bon rang parmi les représentants de notre école française contemporaine, a fait quelques élèves aujourd'hui décorés, hors concours et membres du jury.

AUG. DALLIGNY.

DÉSIGNATION

ŒUVRES

DE FEU

A. R. VERON

1 — Inondation de Saint-Rambert.

Signé à droite, 1865.

Toile. Haut., 1 m. 30 cent.; larg. 1 m. 94 cent.

(*Salon, 1865*).

2 — Pommiers en Fleurs, à Senlis (Oise).

Signé à droite.

Toile. Haut., 1 m. 16 cent.; larg., 81 cent.

3 — Bords de l'Oise, à Pontoise.

Signé à droite.

Toile. Haut., 1 m. 16 cent.; larg., 81 cent.

4 — Fontainebleau.

Signé à gauche, 1891.

Toile. Haut., 92 cent. ; larg., 73 cent.

5 — Morte-Fontaine.

Signé à droite.

Toile. Haut., 73 cent. ; larg., 92 cent.

6 — Bords du Loing, à Gretz.

Signé à gauche.

Toile. Haut., 65 cent. ; larg., 92 cent.

7 — Fontainebleau, mare aux fées.

Signé à g uche.

Toile. Haut., 61 cent. ; larg., 92 cent.

8 — Bords de l'Indre, à Montbazon.

Signé à gauche, 1896.

Toile. Haut., 53 cent. ; larg., 73 cent.

9 — Charenton.

Signé à gauche, 1896.

Toile. Haut., 73 cent. ; larg., 59 cent.

10 — Crécy-sur-Morin.

Signé à gauche.

Toile. Haut., 73 cent. ; larg., 59 cent.

11 — Les Ardennes, à Château-Regnault.

Signé à droite, 1896.

Toile. Haut., 59 cent. ; larg., 73 cent.

12 — Mézières-en-Vexin.

Signé à gauche, 1895.

Toile. Haut., 73 cent. ; larg., 59 cent.

13 — Gorge aux Loups, à Fontainebleau.

Signé à gauche, 1895.

Toile. Haut., 54 cent. ; larg , 73 cent.

14 — Anciennes Buttes-Chaumont.

Signé à gauche, 1896.

Toile. Haut., 54 cent. ; larg., 73 cent.

15 — Bords de l'Indre.

Signé à gauche, 1895.

Toile. Haut., 54 cent. ; larg., 73 cent.

16 — Forêt de Fontainebleau.

Signé à gauche, 1891.

Toile. Haut., 54 cent. ; larg., 73 cent.

17 — Bords du Loing.

Signé à droite, 1895.

Toile. Haut., 54 cent. ; larg., 73 cent

18 — Brie-Comte-Robert.

Signé à droite, 1895.

Toile. Haut., 54 cent.; larg., 73 cent.

19 — Vegnier-sur-l'Indre.

Signé à gauche, 1896.

Toile. Haut., 54 cent. ; larg., 73 cent.

20 — Effet de Neige, à Écouen.

Signé à gauche, 1892.

Toile. Haut., 54 cent.; larg., 73 cent.

21 — Le Cabaret de Charenton.

Signé à droite, 1895.

Toile. Haut., 54 cent. ; larg., 73 cent.

22 — Le Village Vegnier, à Montbazon.

Signé à gauche, 1896.

Toile. Haut., 54 cent.; larg., 73 cent.

23 — La Sennoy, à Navan (Ardennes).

Signé à droite, 1895.

Toile. Haut., 54 cent.; larg., 73 cent.

24 — Bords de l'Indre, à Vegnier.

Signé à gauche, 1891.

Toile. Haut., 54 cent.; larg., 73 cent.

25 — Le Viaduc de Nogent-sur-Marne.

Signé à gauche.

Toile. Haut., 54 cent. ; larg., 73 cent.

26 — Bords de l'Indre, à Montbazon.

Signé à gauche, 1896.

Toile. Haut., 54 cent.; larg., 73 cent.

27 — Le Gros Chêne, près Montbazon.

Signé à droite, 1895.

Toile. Haut., 54 cent., larg., 73 cent.

28 — Brie-Comte-Robert.

Signé à droite, 1896.

Toile. Haut., 49 cent.; larg., 73 cent.

29 — Abreuvoir dans l'Indre.

Signé à droite, 1895.

Toile. Haut , 49 cent. ; larg., 73 cent.

30 — Montbazon (Indre-et-Loire).

Signé à gauche.

Toile. Haut., 49 cent.; larg., 73 cent.

31 — Viaduc de Nogent-sur-Marne.

Signé à gauche.

Toile. Haut., 46 cent. ; larg., 73 cent.

32 — Effet de neige.

Signé à gauche, 1892.

Toile. Haut.. 38 cent. ; larg. 55 cent.

33 — Effet de neige, à Auvers.

Signé à gauche, 1892.

Toile. Haut., 38 cent. ; larg., 55 cent.

34 — Bords du Loing, à Nemours.

Signé à gauche, 1896.

Toile. Haut., 38 cent. ; larg., 55 cent.

35 — Auvers.

Signé à droite, 1897.

Toile. Haut., 55 cent. ; larg., 45 cent.

36 — Bords de la Cure.

Signé à gauche, 1885.

Toile. Haut., 32 cent. ; larg., 46 cent.

37 — La Mare aux Grenouilles (Gennevilliers).

Signé à droite.

Toile. Haut., 32 cent. ; larg., 46 cent.

38 — Environs d'Auvers.

Signé à droite.

Toile. Haut., 27 cent. ; larg., 46 cent.

39 — Marlotte ; effet de neige.

Signé à droite, 1892.

Panneau. Haut., 26 cent.; larg., 41 cent.

40 — La Varenne-Saint-Hilaire.

Signé à droite, 1893.

Toile. Haut., 27 cent.; larg., 35 cent.

41 — Le Moulin.

Signé à droite.

Panneau. Haut., 27 cent.; larg., 35 cent.

42 — Trianon.

Signé à droite, 1892.

Panneau. Haut., 24 cent.; larg., 32 cent.

43 — Trianon.

Signé à droite.

Panneau. Haut., 24 cent.; larg., 32 cent.

44 — Effet de neige (Brie-Comte-Robert).

Signé à droite, 1892.

Panneau. Haut. 24 cent.; larg. 32 cent.

45 — Les Bords de la Marne.

Signé à droite.

Toile. Haut., 22 cent.; larg., 32 cent.

46 — La Varenne-Saint-Hilaire ; bords de la Marne.

Signé à gauche.

Toile. Haut., 27 cent.; larg. 35 cent.

47 — Osny ; Construction du Chemin de fer de Pontoise à Gisors.

Signé à gauche.

Toile. Larg., 55 c nt.; haut., 38 cent.

48 — Senlis ; Soleil couchant.

Signé à gauche, 1876.

Toile. Larg., 3 m. 25 cent.; Haut., 2 m.

49 — Dans l'Oise ; Soleil couchant.

Signé à gauche, 1875.

Toile. L rg., 3 m. 80 cent.; Haut., 2 m.

IMPRIMERIE MAULDE, DOUMENC ET Cie

RUE DE RIVOLI, 144. — PARIS